PROGRAMME D'UN COURS

DE

DROIT ADMINISTRATIF

PROFESSÉ A L'UNIVERSITÉ DE POITIERS

PAR

Georges BARRILLEAU

PROFESSEUR A LA FACULTÉ DE DROIT

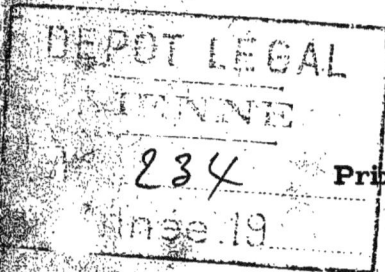

Prix : 2 francs

POITIERS
SOCIÉTÉ FRANÇAISE D'IMPRIMERIE ET DE LIBRAIRIE
6 et 8, rue Henri-Oudin

1912

PROGRAMME D'UN COURS

DE

DROIT ADMINISTRATIF

PROFESSÉ À L'UNIVERSITÉ DE POITIERS

PAR

Georges BARRILLEAU

PROFESSEUR A LA FACULTÉ DE DROIT

POITIERS

SOCIÉTÉ FRANÇAISE D'IMPRIMERIE ET DE LIBRAIRIE

6 et 8, rue Henri-Oudin

1912

PROGRAMME

COURS DE DROIT ADMINISTRATIF

NOTIONS PRÉLIMINAIRES

1. *Place du droit administratif parmi les autres branches de la législation.* — Les grandes divisions du droit. Droit public et droit privé. — Le droit administratif a sa place dans le droit public interne, à côté du droit constitutionnel.

2. *Objet du droit administratif.* — Deux objets principaux : les organes de l'administration et les fonctions administratives, c'est-à-dire les services publics. — Comment il peut être défini.

3. *Rapports du droit administratif avec les autres parties du droit.* — Principaux points de contact avec le droit constitutionnel, — avec le droit civil, — avec le droit pénal, — avec l'économie politique...

4. *Les sources et les textes.* — Difficultés relatives à la recherche des textes. Principaux recueils où sont contenus les lois et les règlements administratifs (1). — Influence de la jurisprudence (2), de l'enseignement et de la doctrine (3) sur le développement de la science administrative. — Pourquoi le droit administratif n'est pas codifié.

5. *Division et programme du cours.* — Une introduction consacrée au rappel de diverses notions de droit constitutionnel. — Division du cours en quatre parties :

a) *La première partie* aura pour objet l'étude de l'*organisation administrative.*

b) *La deuxième partie* comprendra *les Services publics.*

c) *La troisième partie* sera consacrée aux *Personnes morales.*

 d) *La quatrième partie* traitera *du Contentieux et des Juridictions*.

(1) Ces recueils sont : 1º le *Bulletin des lois*, qui remonte à la loi du
14 frimaire an II ; 2º le *Journal officiel*, qui a remplacé l'ancien *Moniteur
universel* et qui depuis 1870 est officiellement consacré à la publication des lois et décrets. Il se divise en 3 parties : le *Journal officiel* proprement dit ; les *Débats parlementaires* ; les *Documents parlementaires*.
— La plupart des textes importants sont également rapportés dans le
recueil de *Dalloz* (Jurisprudence générale, 4ᵉ partie, *Lois et Décrets*) et
dans le *Sirey* (recueil général des lois et arrêts, lois annotées). —
Petits recueils à l'usage des étudiants : 1º le *Code administratif*, dans
la petite collection Dalloz ; 2º les *Lois et Règlements administratifs*, par
M. Berthélemy.
(2) Le principal recueil de jurisprudence est le *Recueil des arrêts du
Conseil d'Etat*, créé par Macarel en 1821, qui contient aussi des décisions
du Tribunal des Conflits et de la Cour des comptes. Les arrêts importants sont également reproduits dans les recueils de *Dalloz* (3ᵉ partie)
et de *Sirey* (3ᵉ partie), où souvent ils sont accompagnés de notes inté-
ressantes.
(3) Il n'existe aucun grand ouvrage très récent sur l'ensemble du
droit administratif. Parmi les plus récents traités destinés aux étudiants, on peut citer : 1º le *Traité élémentaire de droit administratif* de
M. Berthélemy (6ᵉ édition, 1910, 1 vol. in-8º, Paris, Rousseau, 996 p.) ;
2º le *Précis de droit administratif et de droit public* de M. Hauriou
(7ᵉ édition, 1911, 1 vol. in-8º, Paris, Larose, 1010 p. ; les diverses éditions
de cet ouvrage présentent de très grandes différences) ; 3º le *Manuel
de droit administratif* de M. Moreau (1 vol. in-12, Paris, Fontemoing,
1909, 1268 p.). Nous ne pouvons omettre deux très vastes collections :
1º le *Répertoire de droit administratif*, fondé par Béquet en 1882, comprenant actuellement 28 volumes, et dont la publication touche à sa
fin ; 2º le *Code des lois administratives annotées*, dans la collection des
codes annotés de Dalloz, comprenant 5 forts volumes in-4º et un sup-
plément. — Parmi les revues concernant plus spécialement le droit
administratif, citons enfin : la *Revue générale d'administration*, la *Revue
de droit public* et la *Revue politique et parlementaire*.

INTRODUCTION

FONDEMENT CONSTITUTIONNEL DE L'ADMINISTRATION.

I. Le pouvoir et ses divisions. — Ce qu'il faut entendre par *pouvoir*. Le *pouvoir constituant* et les *pouvoirs constitués*. La théorie des trois pouvoirs. Examen et discussion de celte théorie au point de vue rationnel, historique et positif. En réalité, il n'y a que deux pouvoirs, le *pouvoir législatif* et le *pouvoir exécutif*, ce dernier se subdivisant en trois branches ou trois autorités, qui sont : le *Gouvernement*, l'*Administration* et la *Justice*.

II. Le principe de la séparation des pouvoirs. — 1. *Caractère et signification du principe*. — Il ne doit pas être considéré comme une règle absolue. Loin de comporter une séparation rigoureuse, il admet une certaine collaboration des pouvoirs entre eux.

2. *Conséquences*. — Au point de vue des *fonctions*, nos lois constitutionnelles s'opposent à ce que le président de la République, quoique élu par les Chambres réunies en congrès, fasse partie de l'une ou de l'autre Chambre. Elles admettent au contraire que les ministres soient pris parmi les députés ou les sénateurs. Doit-on rattacher au principe de la séparation la théorie des inéligibilités et des incompatibilités législatives ? Actuellement en France, cette théorie est fondée sur d'autres raisons. — Au point de vue des *attributions*, le principe conduit aux règles suivantes : 1° chacun des deux pouvoirs doit s'abstenir de faire aucun acte rentrant dans le domaine de l'autre pouvoir ; — 2° chacun doit s'abstenir d'interpréter par voie d'autorité les actes de l'autre ; — 3° chacun est tenu de respecter les actes émanés de l'autre pouvoir ; — 4° spécialement le pouvoir exécutif est chargé d'appliquer les actes du législatif, sans pouvoir en critiquer le mérite.

3. *Tempéraments*. — A. L'action du pouvoir exécutif sur le législatif : il intervient dans l'œuvre législative par le droit

d'initiative et par le droit de réclamer une nouvelle délibération des Chambres (l. constit. 16 juil. 1875, art. 7). D'autre part il peut prononcer la dissolution de la Chambre des députés, sur l'avis conforme du Sénat (l. const. 25 févr. 1875, art. 5).

B. Le pouvoir législatif exerce son action sur l'exécutif : *a*) par son droit de contrôle ; *b*) par la mise en jeu de la responsabilité ministérielle; *c*) par le vote des lois de finances.

4. *Exceptions.* — Trois groupes : *a*) les gouvernements de fait. Quelle est la valeur des actes rendus par ces gouvernements ? — *b*) exceptions rétrospectives; avis interprétatifs du Conseil d'Etat sous le premier empire ; décrets inconstitutionnels de Napoléon Ier; — *c*) exceptions résultant de textes plus modernes : 1° la loi Tréveneuc du 15 février 1872 ; 2° attributions juridictionnelles des Chambres; le Sénat, haute cour de justice (l. const. 24 fév. 1875, art. 9 ; l. const. 16 févr. 1875, art. 12); 3° la législation coloniale et le sénatus-consulte du 3 mai 1854.

5. *Sanctions* : *a*) d'ordre politique, par l'application de la responsabilité ministérielle ; *b*) d'ordre pénal, art. 127 et 130 du Code pénal ; *c*) d'ordre judiciaire ou administratif : pourvoi en cassation et recours pour excès de pouvoir.

PREMIÈRE PARTIE

L'ORGANISATION ADMINISTRATIVE

1. *Ancienne monarchie.* — Les divisions administratives : généralités, élections et paroisses. L'organisation administrative : les intendants et les subdélégués. Les assemblées provinciales sous Louis XVI.

2. *Période intermédiaire.* — Les réformes de la Constituante. Création des départements, districts, cantons et municipalités. Les administrations collectives et les directoires. Abus du régime électif. — Les municipalités de canton sous la constitution de l'an III.

3. *Constitution consulaire du 22 frimaire an VIII et loi du 28 pluviôse an VIII.* — Cette loi est le point de départ de toute notre organisation administrative. — Trois groupes de dispositions : 1° elle conserve les divisions territoriales de la Constituante en départements, arrondissements et communes ; — 2° elle consacre de nouveaux principes en matière d'administration, en réalisant la centralisation administrative qu'elle pousse même à l'excès ; en formulant le principe de la séparation des fonctions, conformément à la règle « agir est le fait d'un seul, délibérer est le fait de plusieurs » ; l'action est confiée à des agents, la délibération à des conseils, la juridiction à des tribunaux ; — 3° elle crée de nouveaux organes administratifs : les préfets, les conseils de préfecture et les conseils généraux dans les départements ; les sous-préfets et les conseils d'arrondissement dans les arrondissements ; les maires, les adjoints et les conseils municipaux dans les communes. Les unités administratives. — Critique de la loi du 28 pluviôse. Son influence.

CHAPITRE PREMIER

L'ADMINISTRATION CENTRALE

§ 1er. — Le président de la République.

A. Nomination. — Renvoi au droit constitutionnel.

B. Attributions. — Elles peuvent être réparties en quatre classes, dont les deux premières relèvent surtout du droit constitutionnel.

I. **Attributions d'ordre constituant.** — L. const. 25 février 1875, art. 8, § 1. Renvoi.

II. **Attributions d'ordre législatif.** — L. const. 25 février 1875, art. 3. Renvoi.

III. **Attributions administratives.** — Les *Décrets*. Deux classes :

1. *Décrets généraux ou réglementaires.* — Se divisent eux-mêmes en *règlements simples* et en *règlements d'administration publique.* — Ce qu'il faut entendre par un règlement. Historique. Objet et portée. Comparaison avec la loi. — Cas et conditions dans lesquels le président exerce l'autorité réglementaire. Etendue des pouvoirs du président, quand les Chambres l'invitent à faire un règlement. — Caractère juridique des règlements : intérêt au point de vue des sanctions et des recours.

2. *Décrets spéciaux et individuels.* — Les anciens décrets rendus au contentieux. — Les décrets administratifs proprement dits : décrets simples et décrets en forme de règlements d'administration publique.

3. *Voies de recours ouvertes contre les décrets.* — Simple énumération : recours par voie de pétition aux Chambres ; recours gracieux au président de la République ; recours contentieux au Conseil d'Etat ; recours pour excès de pouvoir.

IV. **Attributions gouvernementales.** — Théorie des actes de gouvernement. Trois questions : 1) Existe-t-il des actes de gouvernement distincts des actes administratifs ? Système de MM. Michoud et Brémond. Réfutation par les principes et les textes. — 2) Quel est le régime des actes de gouvernement ? Ils ne relèvent ni du contentieux judiciaire ni du contentieux administratif. Atténuations à apporter à cette doctrine. — 3) Quels sont les actes de gouvernement ? Critériums proposés. Théorie du but ou du mobile. Réfutation. Il faut s'attacher à la nature de l'acte pour en déterminer le caractère. Les actes de gouvernement sont ceux qui sont accomplis en exécution directe d'une disposition constitutionnelle. — Enumération des principaux actes de gouvernement.

§ 2. — Les ministres.

1. *Nomination.* — Le droit de créer de nouveaux départements ministériels appartient à la fois au pouvoir exécutif et aux Chambres. Applications les plus récentes de la règle. Augmentation progressive du nombre des ministères. — Les douze départements actuels. — Nomination des ministres par le président de la République. — Organisation intérieure des ministères.

2. *Attributions.* — Gouvernementales, juridictionnelles, administratives. Dans ces dernières rentrent : 1) le contreseing ; 2) le contrôle ; 3) l'administration proprement dite. — Les actes des ministres : ordres, instructions circulaires et individuelles ; décisions ; arrêtés ministériels ; actes contractuels ou de gestion.

§ 3. — Le conseil d'Etat.

1. *Origine et histoire.* — Ancien Conseil du Roi. Sa division en cinq conseils. Son organisation et son rôle. Sa suppression au début de la Révolution. — Dans la période intermédiaire, le conseil d'Etat est seulement un conseil des ministres présidé par le roi. Ce conseil disparaît avec la royauté.

La constitution du 22 frimaire an VIII crée le nouveau conseil d'Etat. Son importance considérable sous le consulat et le premier empire. — Rôle amoindri sous la Restauration. — Ordonnances de 1831 et loi du 19 juillet 1845. — Situation qui lui est faite par la constitution du 4 novembre

1848 et la loi du 3 mars 1849. — Son influence sous le second empire.

Législation actuelle. Loi du 24 mai 1872 ; loi du 13 juillet 1879. Loi de finances du 8 avril 1910 (art. 96-97).

2. *Mission générale.* — La loi du 24 mai 1872 fait du conseil d'Etat : 1° un *grand conseil de gouvernement ;* en cette qualité, il donne des avis sur les propositions de loi qui lui sont renvoyées par les Chambres, et sur les projets de loi dont il est saisi par le gouvernement (art. 8) ; — 2° *un grand conseil d'administration ;* en cette qualité, il donne des avis sur toutes les questions qui lui sont soumises par le président de la République et les ministres ; il est nécessairement consulté sur les règlements d'administration publique et sur les décrets en forme de règlements d'administration publique (art. 8) ; — 3° le *tribunal administratif* supérieur, chargé de statuer souverainement en matière contentieuse administrative (art. 9).

3. *Composition.* — Son personnel comprend : *a)* 35 conseillers d'Etat, en service ordinaire (l. fin. 8 avril 1910, art. 97) ; *b)* 21 conseillers en service extraordinaire ; *c)* 37 maîtres des requêtes ; *d)* 40 auditeurs, dont 18 de première et 22 de deuxième classe. Nominations et fonctions. Concours de l'auditorat. Président, vice-président, présidents de section.

4. *Organisation intérieure.* — Trois modes de délibération : en sections, en assemblée générale, au contentieux.

a) Formation en sections. — Les quatre sections administratives. Répartition des affaires. Composition et fonctionnement. — La section du contentieux. Organisation et fonctionnement. Sa division en trois sous-sections (l. fin. 8 avril 1910, art. 96). Comparaison avec les sections administratives. — La section spéciale, créée par la loi du 8 avril 1910 en remplacement de la section temporaire. Sa composition avec des éléments empruntés aux sections administratives. Sa division en sous-sections.

b) Assemblée générale. — Organisation et attributions (règl. 2 août 1879, art. 7).

c) Assemblée publique du contentieux. — Renvoi.

CHAPITRE DEUXIÈME

L'ADMINISTRATION DÉPARTEMENTALE.

La décentralisation. — Ce qu'on entend par ces mots : *centraliser* et *décentraliser*. Avantages et inconvénients de la décentralisation.

1. *Historique.* — Réaction contre le régime établi par la loi de pluviôse an VIII. — Lois, du 21 mars 1831 et du 22 juin 1833 rendant électifs les conseils régionaux et locaux. Lois du 18 juillet 1837 et du 10 mai 1838 qui ont conféré aux conseils municipaux et généraux un certain droit d'initiative. Décrets dits. de *déconcentration* du 25 mars 1852 et du 13 avril 1861. Lois du 18 juillet 1866 et du 24 juillet 1867 élargissant les pouvoirs des conseils. Lois du 10 août 1871 et du 5 avril 1884 qui ont encore étendu leurs attributions. Loi du 4 février 1901 sur les dons et legs aux communes et loi du 8 janvier 1905 supprimant l'autorisation de plaider. — Divers sens dans lesquels s'est opérée la décentralisation.

2. *Régime actuel résultant de ces textes.* — Tout en réalisant une décentralisation assez marquée, ce régime comporte diverses mesures destinées à maintenir l'unité administrative. Elles consistent notamment : 1° dans un droit de décision directe, retenu en certains cas par le pouvoir central ; 2° dans un droit de contrôle qui s'exerce tantôt sur les agents, tantôt sur les conseils, ou sur leur actes, soit par des annulations, soit par un veto suspensif, soit par des autorisations. — Ce qu'on entend par *tutelle administrative* et critique de cette expression.

3. *Réformes susceptibles d'être réalisées.* — Projets de réformes. Danger que présenterait une décentralisation exagérée. Réformes à apporter à l'organisation administrative, mais qui ne constituent pas des mesures de décentralisation. Critique des propositions tendant à conférer à la ville de Paris l'autonomie communale.

§ 1er. — Les préfets.

1. *Nomination* et *organisation.* — Résidence. Suppléance

en cas d'absence. Classes personnelles et territoriales (décr. 5 nov. 1907 et décr. 19 oct. 1911).

2. *Attributions.* — *a*) Représentant des intérêts généraux, le préfet agit tantôt comme agent direct du pouvoir central, chargé d'exécuter les ordres de l'administration supérieure, tantôt comme délégué du pouvoir exécutif dans le département, avec un pouvoir propre de décision. — *b*) Représentant des intérêts départementaux, il est chargé de l'instruction préalable des affaires intéressant le département, ainsi que de l'exécution des décisions du conseil général et de la commission départementale (1. 10 août 1871, art. 3). Il est également chargé de réaliser les actes de la vie civile du département.

3. *Actes des préfets.* — Deux sortes d'actes : *a*) Actes d'autorité : arrêtés réglementaires ; comparaison des règlements préfectoraux avec les règlements du chef de l'Etat ; arrêtés spéciaux et individuels. Recours ouverts contre ces divers arrêtés. — *b*) Actes contractuels ou de gestion, passés soit pour le compte de l'Etat, soit pour le compte du département.

§ 2. — Les secrétaires généraux de préfecture.

Nomination, répartition en plusieurs classes. Attributions administratives et contentieuses.

§ 3. — Les conseils de préfecture.

Ils sont à la fois des conseils administratifs et des tribunaux. Comme conseils administratifs, ils se bornent à donner des avis, le plus souvent facultatifs, parfois aussi obligatoires. — Projets et propositions tendant à remanier ou à supprimer les conseils de préfecture.

§ 4. — Les conseils généraux (Loi du 10 août 1871).

A. *Organisation.* — Ils sont devenus électifs en 1833. Chaque canton nomme un représentant. — Dispositions spéciales au conseil général de la Seine. — Durée du mandat ; renouvellement triennal. Démissions. — Conditions d'éligibilité. Inéligibilités et incompatibilités, absolues et relatives.

Contentieux électoral des conseils généraux. Système de la loi de 1833, attribuant compétence au conseil de préfecture. Système de la loi de 1871, et vérification des pouvoirs par les conseils généraux eux-mêmes. Loi du 31 juillet 1875 déférant le contentieux de ces élections au conseil d'Etat. Réclamations et procédure.

Fonctionnement. Deux sessions ordinaires (l. du 9 juillet 1907). Sessions extraordinaires. Séances et publicité. — Indemnités de déplacement et de séjour (l. du 27 février 1912, art. 38).

B. *Attributions.* — Elles peuvent être envisagées soit au point de vue de l'étendue de leurs pouvoirs, soit au point de vue de la qualité en vertu de laquelle ils agissent. Six groupes d'attributions :

1° Comme délégués du pouvoir législatif, ils procèdent à la répartition des impôts (art. 37-39). — a) Notions générales sur les impôts. Impôts directs et indirects. Impôts de quotité et de répartition. C'est aux trois impôts directs de répartition que s'applique cette attribution des conseils généraux. — b) Comment a lieu la répartition. Les quatre opérations successives : répartition entre les départements par la loi du budget ; répartition entre les arrondissements par le conseil général, qui statue en outre sur les réclamations des conseils d'arrondissement ; répartition entre les communes par le conseil d'arrondissement ; répartition entre les contribuables par une commission de répartiteurs. — c) Nature de la délibération du conseil général en matière de répartition. C'est une délibération souveraine, insusceptible de recours contentieux.

2° Comme représentants légaux du département, ils délibèrent généralement sur tous les objets d'intérêt départemental. Extension de leurs pouvoirs par les lois des 10 mai 1838, 18 juillet 1866 et 10 août 1871. — Plusieurs sortes de délibérations : 1) délibérations définitives, sauf annulation ; leur objet et leur régime (art. 46 et 47) ; — 2) délibérations soumises à suspension ; elles constituent la règle générale ; en quoi consiste le veto suspensif (art. 48 et 49) ; — 3) dé-

libérations soumises à autorisation : vote de centimes additionnels et d'emprunts départementaux (art. 40 et 41 ; l. du
30 juin 1907) ; acceptation des libéralités, en cas de réclamations (art. 53) ; autres objets visés par des textes postérieurs ;
— 4) délibérations soumises au droit d'inscription d'office,
en matière budgétaire et en cas de dépenses déclarées obligatoires.

Conférences interdépartementales. Objet et fonctionnement.

3° Comme comités consultatifs de l'administration centrale,
ils expriment des avis, tantôt facultatifs, tantôt obligatoires
(art. 50) ; ils font des propositions (art. 68) ; et ils formulent
des vœux (art. 51). Vœux politiques interdits.

4° Ils contrôlent l'administration du préfet, soit à l'occasion des rapports qu'il est tenu de leur présenter (art. 56),
soit en débattant des comptes d'administration (art. 66), soit
à l'occasion du budget départemental (art. 57).

5° Ils exercent des pouvoirs de contrôle et de tutelle sur
l'administration des communes : soit en matière financière
(art. 42) ; soit en matière de voirie vicinale (art. 44, 46, § 7 et
8) ; soit en matière de sectionnement électoral (art. 43 ; l. 5,
avril 1884, art. 12). Nombreux cas dans lesquels ils sont
appelés encore à intervenir par des lois spéciales.

6° Ils peuvent être éventuellement chargés d'exercer des
attributions politiques dans des circonstances exceptionnelles
(l. 15 février 1872).

C. *Sanctions.* — 1. *Nullités.* Délibérations portant sur des
objets non compris dans leurs attributions (art. 33). Délibérations prises en dehors des réunions légales (art. 34).

2. *Dissolution* : procédure différente suivant que les Chambres sont ou non en session (art. 35 et 36).

§ 5. — Les commissions départementales.

Elles ont été créées en 1871 pour remplacer les conseils
généraux dans l'intervalle de leurs sessions (l. 10 août 1871,
tit. VI, art. 69 à 88).

A. *Organisation.* — Elue chaque année par le conseil général, la commission se compose de 4 à 7 membres. Conditions
d'aptitude. — Contentieux des élections. — Gratuité des fonc-

tions : indemnités de déplacement et de séjour. — Présidence (art. 71 ; l. 8 juill. 1899). Réunions. Séances non publiques.

B. *Attributions*. — Division en trois groupes :

1° Attributions déléguées par le conseil général. — *a*) Caractères et conditions de la délégation. Elle doit être expresse et spéciale. Le conseil général ne peut pas renvoyer à la commission toute une catégorie d'affaires. Atténuations à la règle. — *b*) Affaires pouvant être déléguées. En principe, toutes les affaires peuvent être renvoyées à la commission, sauf diverses limitations résultant sinon du texte, au moins de l'esprit de la loi (répartition de l'impôt, vote du budget départemental).

2° Attributions légales. Longue énumération d'affaires très diverses, dont certaines ont été enlevées au préfet et transportées à la commission (art. 81). La plupart concernent les intérêts du département. Quelques-unes ont trait au contrôle de l'administration du préfet. Les autres sont relatives à des intérêts communaux. Affaires visées par les art. 86 et 87 et donnant lieu au recours spécial de l'art. 88.

3° Avis et propositions. La commission remplit le rôle d'un comité consultatif près du préfet. Elle peut saisir le conseil général de toutes propositions intéressant le département.

C. *Sanctions*. — Trois sortes : 1° recours administratif en annulation (art. 33, 34 et 47) ; 2° appel au conseil général soit par le préfet, soit par les intéressés (art. 88, § 2) ; 3° recours pour excès de pouvoir au Conseil d'Etat (art. 88, § 3).

§ 6. — Les sous-préfets.

Nomination et classement. Attributions restreintes et généralement peu importantes. Cas exceptionnels où les sous-préfets ont un pouvoir propre de décision. Question de la suppression des sous-préfets et de certains arrondissements.

§ 7. — Les conseils d'arrondissement.

Question de la suppression de ces conseils. Divergences sur les conséquences de la réforme. — Ancienne législation restée en vigueur ; lois du 22 juin 1833 et du 10 mai 1838.

Composition et organisation. Conditions d'éligibilité. Contentieux des élections. Sessions et séances.

Attributions. La principale est relative à la répartition de l'impôt. Les autres sont purement consultatives. Avis et vœux. — Sanctions. Nullité des délibérations irrégulières. Dissolution.

CHAPITRE TROISIÈME

L'ADMINISTRATION COMMUNALE.

La commune. Les principales lois municipales au XIXᵉ siècle. La loi du 5 avril 1884, complétée par la loi du 22 mars 1890 sur les syndicats de communes.

Changements qui peuvent affecter le nom ou le territoire des communes. Formalités et compétences. Les divers organes de l'administration municipale.

§ 1er. — Les maires.

I. — *Nomination.* — Difficultés résultant de la double qualité des maires, à la fois représentants de la commune et agents du gouvernement. Principaux systèmes de nomination depuis l'an VIII. — Le maire élu par le conseil municipal (art. 73, § 1). Règles relatives aux élections. Conditions d'éligibilité. — Contentieux des élections. — Durée du mandat. Gratuité des fonctions. Suspension et révocation.

II. — *Attributions.* — Judiciaires et administratives. Division des attributions administratives.

A. Le maire agent de l'administration centrale (art. 92).

B. Le maire organe des intérêts locaux. Dualité de ses fonctions. *a)* Représentant de la personne civile de la commune, il exerce des fonctions de gestion sous le contrôle du conseil municipal et la surveillance de l'administration supérieure (art. 90). — *b)* Chef de l'association communale, il exerce des attributions de police sous la surveillance de l'administration (art. 91). — Police municipale (art. 97). Les auxiliaires du maire. — Police rurale (loi du 21 juin 1898).

III. — *Actes des maires.* — Actes de gestion et actes d'autorité. Arrêtés spéciaux et individuels. Arrêtés réglementaires. Règlements permanents et règlements temporaires.

Contrôle du préfet sur les actes des maires. Cas où le préfet est appelé à agir à la place du maire (art. 85). Applications diverses de la règle. Extension relative au droit de faire des règlements municipaux (art. 99).

§ 2. — Les adjoints.

Nomination. Nombre variable avec le chiffre de la population. Adjoints spéciaux (art. 75). — Attributions. Suppléance et délégation.

§ 3. — Les conseils municipaux.

I. — *Organisation.* — Election au scrutin de liste. Sectionnement électoral (art. 11 et 12). — Les électeurs. Listes électorales. Opérations électorales. — Conditions d'éligibilité. — Contentieux des élections ; compétence du conseil de préfecture et procédure. — Durée du mandat. Elections complémentaires. Démissions. — Sessions ordinaires et extraordinaires. Séances. Votes et publicité.

II. — *Attributions.* — Les conseils municipaux agissent toujours comme représentants des intérêts communaux. Extension de leurs pouvoirs au cours du xixe siècle : lois du 18 juillet 1837, du 24 juillet 1867 et du 5 avril 1884. — Division de leurs actes en cinq groupes :

1° Délibérations réglementaires. Rares en 1837, plus nombreuses en 1867, mais subordonnées à l'accord du conseil et du maire, elles forment la règle générale en 1884 (art. 61). Leur objet et leur régime : définitives et exécutoires de plein droit.

2° Délibérations soumises à autorisation. Enumération non limitative de l'article 68. Diverses autorités compétentes pour autoriser.

3° Délibérations soumises au droit d'inscription d'office, en cas de dépenses déclarées obligatoires pour la commune.

4° Avis. Tantôt facultatifs, tantôt obligatoires. Parfois même impératifs, au cas où la loi exige un avis conforme du conseil municipal.

2

5° Vœux. Limités aux seuls objets d'intérêt communal. Vœux politiques interdits.

III. — *Sanctions*. — Trois sortes : 1° Nullités. Délibérations nulles de droit. Délibérations annulables. Recours contre l'arrêté du préfet. — 2° Suspension. Mesure provisoire. Conditions et durée. — 3° Dissolution. Délégation spéciale chargée de remplacer le conseil municipal. Ses pouvoirs limités.

§ 4. — L'organisation municipale de la ville de Paris.

Situation exceptionnelle de la capitale comportant un régime spécial. — Division en vingt arrondissements. — Nomination des maires et adjoints par le pouvoir exécutif. Leurs attributions restreintes. Le préfet de la Seine et le préfet de police : partage d'attributions. — Election du conseil municipal au scrutin individuel. Sessions et séances. — Attributions du conseil régies par la législation antérieure à 1884. Délibérations soumises à la nécessité d'une autorisation.

DEUXIÈME PARTIE

LES SERVICES PUBLICS

Ce qu'il faut entendre par *services publics*. Principales distinctions : services *essentiels* et *facultatifs* ; services *nationaux* et *régionaux* ou *locaux* ; services *généraux* et *spéciaux*. Enumération et classification des principaux services publics d'après la législation positive.

CHAPITRE PREMIER

LA DÉFENSE NATIONALE

I. — Historique, législations antérieures. — Ancien régime. Création de l'armée permanente en 1439. L'organisation militaire à la fin de l'ancienne monarchie. — Période révolutionnaire. La loi du contingent. La réquisition sous la convention nationale. Loi du 19 fructidor an VI. — La conscription sous l'empire. — Loi du 10 mars 1818. Loi du 21 mars 1832. Loi du 1er février 1868. — La réorganisation de l'armée par la loi du 27 juillet 1872. Loi du 15 juillet 1889.

II. — La législation militaire actuelle. — La loi du 21 mars 1905. Deux réformes principales : réduction du service actif à deux ans ; suppression de toutes les dispenses.

1. *Dispositions générales* (tit. 1er). — Service personnel et égal pour tous. — Individus exclus comme indignes (art. 4 et 5 ; l. 30 mars 1912).

2. *Des appels* (tit. 2). — Etablissement des tableaux de recensement. Suppression du tirage au sort.

3. *Du service militaire* (tit. 3). — La durée du service fixée à 25 ans et divisée en quatre périodes : 1° armée active deux ans. Répartition du contingent ; recrutement national ou régional. — 2° Réserve de l'armée active, onze ans. Obliga-

tions des réservistes au point de vue de la mobilisation, des deux périodes d'instruction ramenées à 23 et à 17 jours par la loi du 14 avril 1908, et de la déclaration en cas de changement de domicile ou de résidence. — 3° Armée territoriale, six ans. — 4° Réserve de l'armée territoriale, six ans.

4. *Engagements et rengagements* (tit. 4). — Quatre sortes d'engagements : 1° Engagements proprement dits ; conditions et formalités. — 2° Engagements spéciaux de devancement d'appel. — 3° Engagements spéciaux aux jeunes gens admis à certaines écoles (art. 23). — 4° Engagements pour la durée de la guerre. — Rengagements des soldats et sous-officiers. Commissions. — Avantages au profit des engagés et rengagés.

5. *Conseils de revision* (art. 16 et s.). — Les cinq membres ayant seuls voix délibérative. Autres personnages prenant part aux opérations ou admis à assister aux séances. *Attributions.* — Importance très réduite par suite de la suppression des dispenses. Quatre groupes : 1° les conseils statuent en séance publique sur les réclamations concernant les opérations de recrutement. — 2° Ils jugent les causes d'exemption. — 3° Ils prononcent sur les demandes de sursis d'incorporation. — 4° Ils arrêtent la liste de recrutement cantonal. — Renvoi des questions d'état aux tribunaux judiciaires. — Recours contre les décisions du conseil : recours pour excès de pouvoir devant le conseil d'Etat ; demande en revision devant le conseil de revision lui-même. — Suppression du conseil de revision départemental. Allocations aux familles des jeunes gens qui remplissent les devoirs de soutiens de famille (art. 22 ; l. 31 décembre 1907, art. 41 ; l. 8 avril 1910, art. 102).

III. — **L'organisation générale de l'armée.** — Division en régions militaires. Les 20 corps d'armée (l. 24 juillet 1873 ; l. 5 décembre 1897). — Les conseils de guerre. — L'armée coloniale. — L'armée de mer et l'inscription maritime (l. 24 décembre 1896). — L'état des officiers.

IV. — **Les servitudes militaires ou défensives.** — Places de guerre. Classement et déclassement (l. 10 juillet 1851 ; règl. 10 août 1853). Rayon de défense. Zones de servitudes. — Compétence contentieuse et répressive des tribunaux administratifs. — Pourquoi l'établissement des ces servitudes ne donne pas lieu à indemnité.

Situations diverses dans lesquelles peut se trouver une place de guerre. — 1. État de paix. — 2. État de guerre. — 3. État de siège réel. — 4. État de siège fictif (l. 3 avril 1878). Règles applicables à ces situations, au point de vue des indemnités et des compétences. — Faits de guerre. — Lois de dédommagement.

Servitudes autour des magasins à poudre de la guerre et de la marine. — Zone frontière et travaux mixtes.

CHAPITRE DEUXIÈME

LA POLICE.

Son objet. Police judiciaire et police administrative. Police générale, municipale et rurale. — Applications multiples. Étude de celles qui concernent *l'hygiène*, *les cultes*, *les réunions et associations*.

§ 1er. — Police de l'hygiène.

I. — **Police sanitaire internationale**. — Circonscriptions sanitaires. — Mesures en vue de prévenir l'invasion des épidémies exotiques. Patente nette et brute. Arraisonnement. Quarantaines. — Mesures en vue de protéger les frontières contre les épizooties (l. 21 juin 1898, art. 55 et suiv.).

II. — **Police sanitaire à l'intérieur**. — Loi du 15 février 1902 *relative à la protection de la santé publique*. 1° Mesures sanitaires prescrites par la loi. Obligation imposée aux maires de prendre, dans chaque commune, un règlement sanitaire ; caractères exceptionnels de ces règlements. Déclarations imposées aux médecins. Mesures générales en cas d'épidémie menaçant tout ou partie du territoire. — 2° Organisation d'un service de santé. Conseil supérieur d'hygiène publique. Conseils d'hygiène départementaux. Commissions sanitaires. Bureaux d'hygiène. — 3° Pénalités spéciales établies par la loi en cas d'infraction à ses prescriptions. — 4° Législation relative aux logements insalubres. Insuffisance de la

loi du 13 avril 1850. Mesures en vue de prescrire l'assainisse-
ment ou l'interdiction d'habiter. Recours des propriétaires.

III. — **Etablissements dangereux, insalubres ou
incommodes.** — Décret du 15 octobre 1810. Division des
établissements en trois classes. Tableaux de classement.

1° *Etablissements classés.* Nécessité d'une autorisation.
Autorités compétentes. Formalités plus ou moins rigoureuses
suivant la classe. — Recours contre l'arrêté accordant ou re-
fusant l'autorisation. — Pouvoirs de police de l'administration sur les établissements, même autorisés. Droit de prononcer la fermeture. — Compétence des juridictions administratives et judiciaires. .

2° *Etablissements non classés.* Régime de liberté limité par
le droit de surveillance de l'administration.

§ 2. — Police des cultes.

I. — **Principes de l'ordre religieux.**
1° *Liberté de conscience* consacrée par la Déclaration des
droits de l'homme (art. 10). Abolition des anciennes incapa-
cités frappant les dissidents. — Diverses conséquences du
principe : — *a)* sécularisation de l'état des personnes ; —
b) liberté des funérailles (l. 15 novembre 1887) ; — *c)* suppression des distinctions de culte dans les cimetières (l. 14 novembre 1881) ; — *d)* réglementation du service des pompes
funèbres (l. 28 décembre 1904).

2° *Principe de la liberté des cultes.* — Limitation résultant du
droit de haute police de l'Etat.

II. — **Rapports de l'état avec les cultes.**
A. *Régime antérieur à la loi du 9 décembre 1905.* — Distinction des cultes reconnus et des cultes non reconnus. Ces derniers soumis à un régime de séparation. Les cultes reconnus,
au nombre de quatre, soumis à un régime d'intervention. La
loi du 18 germinal an X. Sa division en trois parties.

1° *Culte catholique.* — Les pragmatiques sanctions. Le
concordat de 1516. La constitution civile du clergé de 1790.
Le concordat de 1801, première partie de la loi du 18 germinal an X. Les articles organiques (2ᵉ partie). — Rapports de
l'Eglise et de l'Etat ramenés à 6 chefs : 1° détermination des

circonscriptions ecclésiastiques par le concours des autorités civile et religieuse. — 2° Nomination des évêques par le gouvernement et investiture par le pape (art. 4 du concordat). — 3° Avantages concédés au culte : attribution des églises ; logement et traitement des ministres du culte ; personnalité civile des établissements religieux ; oblations. — 4° Obligations imposées au clergé : soumission aux lois de l'Etat, serment de fidélité ; sanctions pénales. — 5° Respect des ventes nationales (art. 13 du concordat). — 6° Droit de haute police de l'Etat : droit d'*exequatur* ; recours pour abus.

2° *Cultes protestants, luthérien et calviniste* (3e partie de la loi de germinal an X). — *Culte israélite* (ord. 25 mai 1844).

B. *Régime établi par les lois de Séparation.* — Les textes : *la loi du 9 décembre 1905 concernant la Séparation des Eglises et de l'Etat.* Les trois règlements du 29 décembre 1905, du 19 janvier 1906 et du 16 mars 1906. Les trois lois du 2 janvier 1907 *concernant l'exercice des cultes,* du 28 mars 1907 *relative aux réunions publiques* et du 13 avril 1908 sur la dévolution des biens ecclésiastiques.

1° *La loi du 9 décembre 1905.*

a) *Conséquences générales du principe de Séparation.* — Suppression de la distinction des cultes reconnus et non reconnus. Suppression des avantages concédés à l'Eglise et au clergé. Suppression des établissements religieux. Plus d'intervention de l'Etat dans l'organisation intérieure des cultes. Plus d'obligations spéciales imposées aux ministres. Suppression du recours pour abus.

b) *Mesures en vue de liquider le passé.* — 1° Dévolution des biens détenus par les anciens établissements cultuels. Attribution aux associations formées en conformité avec les règles générales du culte. Difficultés qui se sont élevées au sujet de l'art. 4 et qui ont déterminé l'abstention de l'Eglise catholique. — 2° Attribution des édifices du culte. Eglises et temples laissés gratuitement à la disposition des associations cultuelles (art. 13). Evêchés, presbytères remis gratuitement aux associations, mais à titre temporaire (art. 14). — 3° Pensions et allocations aux ministres des cultes (art. 11).

c) *Mesures en vue d'organiser l'exercice du culte.* — 1° Les associations cultuelles. Formation : formalités et conditions, déclaration et publicité. Capacité civile ; contrôle financier. Dissolution ; dévolution des biens. Les unions d'associations. — 2° La police des cultes. Sanctions pénales. Prescriptions concernant les manifestations religieuses : réunions en vue de la célébration du culte ; processions ; sonneries de cloches ; emblèmes religieux.

2° *Lois postérieures se rattachant à la Séparation.* — Nécessité, par suite de l'abstention de l'Eglise catholique, de régler à nouveau les effets de la séparation. — Loi du 2 janvier 1907 : retour à l'Etat, aux départements et aux communes des évêchés, presbytères, séminaires, dont la jouissance n'avait pas été réclamée par une association cultuelle. Attribution des biens des anciens établissements ecclésiastiques aux établissements communaux d'assistance. Suppression des allocations concédées aux ministres du culte. Faculté d'assurer l'exercice du culte au moyen d'associations établies conformément à la loi du 1er juillet 1901, ou par voie de réunions formées selon la loi du 30 juin 1881. — Loi du 28 mars 1907 sur les réunions publiques, supprimant la déclaration préalable. — Loi du 13 avril 1908 modifiant les dispositions de la loi du 9 décembre 1905 relatives à la dévolution des biens ecclésiastiques. Actions en reprise. — Situation actuelle de l'Eglise catholique sous le régime de séparation.

§ 3. — La police des réunions et des associations.

En quoi la réunion diffère de l'association.

I. — **Droit de réunion.** — Historique. Décret du 25 mars 1852 assimilant les réunions aux associations pour leur appliquer les articles 291-294 du Code pénal. — Loi du 30 juin 1881 consacrant la liberté de réunion. — Conditions en vue d'assurer le contrôle des autorités sur les réunions publiques. Déclaration préalable ; présence d'un fonctionnaire ; nomination d'un bureau. Dispositions spéciales concernant les réunions électorales. Loi du 28 mars 1907 supprimant la déclaration préalable. — Loi du 7 juin 1848 sur les *attroupements.*

II. — **Droit d'association.** — Historique. Régime rigoureux appliqué aux associations. Art. 291-294 du Code pénal. Loi du 10 avril 1834. Législation privilégiée des sociétés de secours mutuels, des associations syndicales et des syndicats professionnels.

Loi du 1er juillet 1901 *relative au contrat d'association.* Définition du contrat d'association. Abrogation des art. 291 et suiv. du Code pénal. Principe de la liberté d'association.

Division des associations en trois classes : 1° associations non déclarées. Absence de capacité civile. — 2° Associations déclarées. Formalités relatives à la déclaration et à la publicité. Elles possèdent la petite personnalité. — 3° Associations reconnues. Décret de reconnaissance. Capacité plus étendue comprenant la faculté de recevoir à titre gratuit.

Dissolution volontaire. Dissolution forcée par les tribunaux judiciaires et dans un cas par l'autorité administrative. Effets par rapport aux biens. Dévolution réglée par les statuts, ou à défaut par l'assemblée générale. Abolition, pour les associations, de la règle contenue dans les art. 529 et 713 du Code civil.

Dispositions concernant les congrégations religieuses.

CHAPITRE TROISIÈME

LA VOIRIE

Principales distinctions s'appliquant aux voies de communication : *a)* voirie terrestre, fluviale, maritime ; *b)* voies faisant partie du domaine public national, départemental, communal ; *c)* grande et petite voirie. Intérêt de cette distinction au point de vue des autorités et des juridictions compétentes. Etude limitée à la voirie terrestre, voies ordinaires et voies ferrées.

§ 1. — Voies ordinaires.

1° *Routes nationales.* — Aperçu historique. Décret du 11 décembre 1811. Ouverture, classement et déclassement. Conséquences du déclassement. Loi du 24 mai 1842 *relative aux portions de routes délaissées par suite de changement de tracé.* Droit de préemption des riverains.

2° *Routes départementales.* — Attributions des conseils

généraux concernant le classement et le déclassement de ces routes. Reclassement dans le réseau vicinal. Désignation des services. — Question de l'unification des services de voirie.

3° *Ponts, bacs et passages d'eau.* — Loi du 30 juillet 1880 interdisant la construction de nouveaux ponts à péage sur les routes nationales et départementales et déterminant le mode de rachat des ponts existants.

4° *Chemins vicinaux.* — Loi du 21 mai 1836. — Division des chemins en trois classes. Compétence des conseils généraux et des commissions départementales. — Ouverture, classement, redressement des chemins vicinaux. — Elargissement emportant expropriation sommaire. — Déclassement et droit de préemption des riverains. — Nombreuses juridictions appelées à statuer en matière de vicinalité.

Ressources de la vicinalité. 1° Centimes additionnels communaux, obligatoires et facultatifs. — 2° Prestations en nature. Faculté de conversion en argent. Critiques dirigées contre les prestations. Loi de finances du 31 mars 1903 (art. 5) autorisant les conseils municipaux à remplacer les prestations par une taxe vicinale. — 3° Ressources provenant du concours des particuliers ou des personnes administratives : subventions départementales ; subventions spéciales à raison de dégradations extraordinaires ; offres de concours. — 4° Subventions de l'Etat. Lois des 16 juillet 1868, 10 avril 1879, 12 mars 1880. Subventions inscrites chaque année dans la loi du budget.

5° *Chemins ruraux.* — Loi du 20 août 1881. Définition et caractères des chemins ruraux. — Leur division en deux classes : 1° chemins reconnus par la commission départementale. La reconnaissance vaut prise de possession par la commune. Elle rend les chemins imprescriptibles. Elle les fait participer à des ressources spéciales. — 2° Chemins non reconnus. Leur situation légale.

6° *Rues et places des villes.* — Absence de législation spéciale. Nécessité de recourir à des textes divers. — Dépendances de la voie publique : fontaines, canalisations ; eaux communales, concessions. — Classement, déclassement, ouverture, suppression. — Règles particulières à la ville de Paris. Décret du 26 mars 1852. Extension facultative aux autres villes.

§ 2. — Chemins de fer.

Les divers systèmes proposés pour la construction et l'exploitation. Système de la liberté absolue : construction et exploitation par l'industrie privée (Angleterre, Etats-Unis). Exploitation par l'Etat (Allemagne, Autriche-Hongrie, Russie). Exploitation par des compagnies concessionnaires (Espagne). — Les deux procédés en usage en France : concession et exploitation directe par l'Etat.

I. — **Chemins de fer d'intérêt général**. — Historique des chemins de fer en France. Les premières voies ferrées en 1823 et 1832. La loi du 11 juin 1842, relative à l'établissement des grandes lignes. — Loi du 11 juin 1859 : les conventions de Franqueville ; ancien et nouveau réseau ; système du *déversoir ;* la garantie d'intérêts et la participation aux bénéfices. — Loi du 18 mars 1878 constituant le réseau de l'Etat par le rachat des petites compagnies. — Le programme Freycinet. Loi du 17 juillet 1879. Nécessité de se procurer les ressources nécessaires pour l'exécution du programme.

Les conventions de 1883. Loi du 20 novembre 1883. Résumé des clauses principales. Critiques dirigées contre ces conventions. Pour les apprécier équitablement, il est nécessaire de tenir compte des circonstances où elles ont été conclues.

Règles communes aux chemins de fer. Classement dans le domaine public. Soumission au régime de la grande voirie. Loi du 15 juillet 1845 *sur la police des chemins de fer.*

A. *Chemins de fer concédés.* — Compagnies constituées sous la forme de sociétés anonymes. Le contrat de concession et ses effets dans les rapports de l'Etat et des compagnies. Exécution des travaux. Exploitation sous le contrôle du ministre. Conventions financières accessoires.

Causes mettant fin à la concession : 1° l'expiration du temps ; 2° la déchéance ; 3° le rachat. Conditions. — Loi du 13 juillet 1908 concernant le rachat du réseau de l'Ouest. Loi du 21 décembre 1909 approuvant la convention qui fixe à l'amiable le prix du rachat.

B. *Chemins de fer de l'Etat.* — L'ancien réseau constitué en 1878. Le réseau de l'Ouest racheté en 1908. La fusion en un réseau unique. Organisation administrative et autonomie financière. Loi de finances du 13 juillet 1911, art. 41-70.

II. — **Chemins de fer d'intérêt local.** — Loi du 18 juillet 1865. Loi du 11 juin 1880. Intervention des conseils généraux et municipaux. Régime de ces chemins de fer. Compagnies concessionnaires. — Les tramways.

§ 3. — Droits et charges des riverains.

I. — *Avantages résultant du voisinage de la voie publique.* — Droits de vue, d'accès, d'écoulement des eaux. Ces droits ne constituent pas de véritables servitudes.

II. — *Charges grevant les riverains.* — Ces charges, nombreuses et diverses, sont souvent désignées sous le nom, d'ailleurs impropre, de servitudes de voirie.

1° Alignement. Objet et utilité. a) Plan général d'alignement. Formalités et compétence. Ses effets : incorporation à la voie des terrains non bâtis ; servitude de reculement. Droit des riverains de s'avancer sur la voie publique. Droit de préemption (l. 16 sept. 1807, art. 53). — b) Alignement individuel. Par qui et comment il doit être délivré.

2° Autorisation de bâtir. Autorités compétentes pour autoriser. Autorisation nécessaire pour exécuter des travaux aux murs de façade. Travaux confortatifs et non confortatifs. Sanctions de l'obligation de demander l'autorisation de bâtir et l'alignement. — Divergences entre la jurisprudence administrative et la jurisprudence judiciaire.

3° Démolition des édifices menaçant ruine. Loi du 21 juin 1898, art. 3-6. Procédure simplifiée en cas de péril imminent.

4° Autres charges imposées aux propriétaires riverains, notamment le long des voies ferrées.

CHAPITRE QUATRIÈME

LES TRAVAUX PUBLICS ET L'EXPROPRIATION POUR CAUSE D'UTILITÉ PUBLIQUE

§ 1er. — Les travaux publics.

Définition et caractères. Distinction des travaux publics et des travaux privés. Énumération des principales différences.

I. — *Les marchés de travaux publics.* — *a*) Les divers modes d'exécution. La régie, simple ou intéressée. La concession. L'entreprise. Marchés à forfait, sur série de prix et à l'unité de mesure. — *b*) Les diverses formes de réalisation des marchés. Traités de gré à gré. Adjudication avec concurrence et publicité. — *c*) Les diverses pièces destinées à régir les effets des marchés et les rapports de l'administration et des entrepreneurs : 1) Cahier des clauses et conditions générales. Le cahier des Ponts et Chaussées du 29 décembre 1910. — 2) Devis ou cahier des charges spécial à l'entreprise. — 3) Bordereau des prix. — Analyse des principales dispositions contenues dans ces actes. — *d*) Le contentieux et la compétence des conseils de préfecture et du conseil d'Etat. Extension donnée à ce contentieux par la jurisprudence, notamment pour les offres de concours.

II. — *Conséquences de l'exécution des travaux publics par rapport aux tiers.* — Double éventualité à prévoir.

1° Du cas où les travaux procurent une *plus-value* à la propriété. La théorie de la plus-value. Son fondement. Commission de plus-value : sa composition et son rôle. Règles relatives à l'indemnité. Du cas où l'indemnité de plus-value peut être réclamée par voie d'exception, soit devant le conseil de préfecture, soit devant le jury d'expropriation.

2° Du cas où les travaux causent un *dommage aux tiers.*

a) Hypothèse visée par l'art. 4 § 3 de la loi du 28 pluviôse an VIII. Du dommage en général. Caractères qu'il doit présenter pour donner lieu à indemnité. Dommage causé à la propriété. Dommage causé à la personne ; évolution de la jurisprudence. — Règles relatives à l'indemnité.

b) Hypothèse visée par l'art. 4 § 4, de la loi de pluviôse an VIII. Dommage « *à raison de terrains pris* ». Modification apportées à la compétence par les lois sur l'expropriation. Compétence du jury. — Dommage « *à raison de terrains fouillés* ». Occupations temporaires et servitudes de fouilles et d'extraction de matériaux. Loi du 29 décembre 1892 *sur les dommages causés à la propriété privée par l'exécution des travaux publics.* Compétence du conseil de préfecture.

§ 2. — L'expropriation pour cause d'utilité publique.

Les textes constitutionnels qui ont consacré le droit de propriété et le principe de l'expropriation. L'art. 17 de la Déclaration des droits de l'homme. Les art. 544 et 545 du Code civil. — Les lois qui ont réglementé l'expropriation. L'art. 4 § 4 de la loi du 28 pluviôse an VIII. Les lois du 8 mars 1810 et de 7 juillet 1833. La loi du 3 mai 1841.

I. — **Qui peut exproprier ?** — Le droit d'exproprier, droit de puissance publique. Trois groupes d'expropriants : 1° L'Etat, les départements, les communes, comme représentants de la puissance publique. Au contraire, ni les établissements publics ni les établissements d'utilité publique ne peuvent exproprier, du moins en règle générale. — 2° Les concessionnaires de travaux publics, substitués au droit de l'administration. — 3° Les associations syndicales autorisées (l. du 21 juin 1865). Motifs de cette dérogation au principe de la loi de 1841.

II. — **Règles générales de l'expropriation.**

A. *La procédure de l'expropriation.* — Les six phases successives.

1° La déclaration d'utilité publique. Loi ou décret selon la nature des travaux. Enquête préalable. Recours contre l'acte déclaratif.

2° La désignation des terrains et des parcelles à exproprier. Enquête parcellaire. Arrêté préfectoral de cessibilité.

3° La transmission de la propriété par cession amiable ou par autorité de justice. *Le jugement d'expropriation.* Tribunal compétent et procédure. Recours en cassation. Les effets du jugement d'expropriation : 1) Translation de propriété ; ses conséquences ; droit de rétention de l'exproprié. — 2) Résolution des droits réels et personnels portant sur l'immeuble : actions en revendication et en résolution ; hypothèques et privilèges ; baux existants. — 3) Dévolution de compétence ; le jury saisi de toutes les questions de dommages se rattachant à l'expropriation.

4° Le règlement de l'indemnité. — a) Les divers groupes d'indemnitaires. Notification des offres de l'administration. Règlement amiable ou fixation par le jury. — b) *Le jury d'expropriation*. Critiques dirigées contre cette institution. Formation du jury. Liste annuelle, liste de session et liste de jugement. Magistrat directeur du jury. — Fonctionnement et procédure. — Mission et compétence. — Règles relatives à l'indemnité.

5° Le paiement de l'indemnité. Mesures en vue de protéger l'exproprié contre les retards de l'administration.

6° La prise de possession.

B. *Dispositions se rattachant à l'expropriation.*

1° La réquisition d'emprise totale (art. 50). Définition. Conditions différentes selon qu'il s'agit de bâtiments ou de terrains nus. Effets de la réquisition. — Cas inverse où l'administration est autorisée à acquérir plus de terrain qu'il n'est nécessaire.

2° Le droit de préemption ou de rétrocession en cas d'inexécution des travaux (art. 60-62). Définition. Personnes pouvant exercer ce droit. Conditions et effets de la rétrocession.

III. — **Règles spéciales à certaines expropriations**.

1° Expropriation de terrains non bâtis, en cas de déclaration d'urgence (art. 65-74). Envoi en possession avant le paiement de l'indemnité.

2° Expropriation en vue de travaux militaires ou de travaux de la marine (art. 75).

3° Expropriation en vue de travaux de fortification (art. 76 et loi du 30 mars 1831).

4° Expropriation relative aux chemins vicinaux (l. 21 mai 1836 et l. 10 août 1871). Déclaration d'utilité publique résultant de la décision du conseil général ou de la commission départementale. Compétence du petit jury d'expropriation. — Extension de cette compétence à divers autres cas.

5° Expropriations mobilières. Applications résultant des lois sur les réquisitions militaires (l. 3 juillet 1877 ; l. 23 juillet 1911) ; sur les services sanitaires (l. 21 juillet 1881 ; l. 21 juin 1898) ; sur le rachat des ponts à péages (l. 30 juillet 1880).

6° Expropriations indirectes. Applications de la théorie en matière d'alignement, de chemins vicinaux. Extension admise par la jurisprudence en matière de délimitation du domaine public.

CHAPITRE CINQUIÈME

L'ENSEIGNEMENT.

Intervention de l'Etat nécessitée par l'organisation d'un enseignement public, par la collation des grades et par la surveillance des écoles. — La question du monopole et de la liberté de l'enseignement.

I. — *Historique et législation*. — Ancienne monarchie : l'enseignement donné par l'Eglise. Les Universités. Les jésuites. — Les programmes des assemblées révolutionnaires. La réorganisation de l'instruction publique sous l'empire. La loi du 6 mai 1806 et l'Université impériale. — Les lois sur la liberté de l'enseignement : lois du 28 juin 1833, du 15 mars 1850 (loi Falloux), du 12 juillet 1875. — Développement donné à l'instruction publique par la troisième République. Nombreuses lois votées dans ce but.

II. — *Organisation*. — 1° L'administration centrale. Le ministre. Le Conseil supérieur de l'instruction publique (l. 27 février 1880). Composition et attributions, administratives et contentieuses. — La section permanente. — Le comité consultatif de l'enseignement public. — 2° L'administration académique. Les recteurs. Les conseils académiques. Composition et attributions, administratives, contentieuses et disciplinaires. — 3° L'administration départementale. Les préfets. Les inspecteurs d'académie. Les conseils départementaux de l'enseignement primaire (l. 30 octobre 1886). Composition et attributions, administratives, contentieuses et disciplinaires.

III. — *Les trois ordres d'enseignement*. — 1° L'enseignement supérieur. Les Facultés. Les Universités (l. 10 juillet 1896). Les conseils généraux des Universités. — Les établissements libres d'enseignement supérieur. — 2° L'enseignement secondaire. Lycées et collèges. Enseignement secondaire des jeunes filles (l. 21 décembre 1880). — Enseignement secondaire libre. Conditions et formalités relatives à l'ouverture d'un établissement libre. — 3° L'enseignement primaire. La loi du 28 mars 1882 et le principe de l'enseigne=

ment gratuit, obligatoire et laïque. La loi du 30 octobre 1886 *sur l'organisation de l'enseignement primaire.* Les écoles primaires. Le personnel enseignant, instituteurs et institutrices. Les dépenses de l'enseignement primaire. Obligations imposées aux communes. — Enseignement privé : ouverture et surveillance des écoles libres.

CHAPITRE SIXIÈME

L'ASSISTANCE.

Le devoir d'assistance fondé sur l'idée de solidarité, de conservation sociale et de responsabilité de l'Etat. Assistance facultative et obligatoire. Assistance publique et bienfaisance privée. Développement considérable des institutions d'assistance. Nombreuses lois votées dans ce but au cours des dernières années.

I. — *L'assistance par l'Etat.* — Service central rattaché au ministère de l'intérieur. Conseil supérieur de l'assistance publique. Hospices nationaux. Surveillance des institutions d'assistance. Contribution aux dépenses des services départementaux et communaux. Subventions aux œuvres de bienfaisance.

II. — *L'assistance départementale.* — 1° Service des enfants assistés. Lois des 27 et 28 juin 1904. Les diverses catégories d'enfants assistés. Les pupilles de l'assistance et la tutelle. Répartition des dépenses entre l'Etat, les départements et les communes. — 2° Service des aliénés. La loi du 30 juin 1838 et les projets de réforme. Les asiles d'aliénés, publics et privés. Dispositions en vue de prévenir ou de faire cesser les internements abusifs. Recours aux tribunaux judiciaires. Condition juridique des aliénés. — Répartition des charges.

III. — *L'assistance communale.* — Pourquoi le devoir d'assistance incombe en principe à la commune. Cas nombreux où l'assistance est déclarée obligatoire et mise à la charge de la commune. — 1° Secours aux indigents. Bureaux de bienfaisance. — 2° Secours aux malades. L'assistance médicale gratuite et la loi du 15 juillet 1893. Bureaux d'assistance. Domicile de secours. Assistance à domicile et établissements hospitaliers. Répartition des dépenses entre les communes, les départements et l'Etat. — 3° Secours aux vieillards, infirmes et incurables. Loi du 14 juillet 1905.

IV. — *L'assistance publique de la ville de Paris.*

CHAPITRE SEPTIÈME

LA PRÉVOYANCE.

Raisons qui font à l'Etat un devoir d'encourager la prévoyance.

I. — *Pensions de retraite établies en faveur des fonctionnaires.* — 1° Pensions civiles. Loi du 9 juin 1853. Conditions et montant de la pension. Renvoi à la législation financière. — 2° Pensions militaires. Lois du 11 avril 1831 et du 22 juin 1878 pour l'armée de terre. Lois du 18 avril 1831 et du 9 août 1879 pour la marine. Renvoi.

II. — *Institutions de prévoyance gérées par l'Etat.* — Caisse nationale des retraites pour la vieillesse. Loi du 20 juillet 1886. — Caisse d'assurances en cas de décès et caisse d'assurances en cas d'accidents. Loi du 11 juillet 1868. — Caisse nationale d'épargne. Loi du 9 avril 1881. — Etablissement des invalides de la marine. — Caisse de prévoyance entre les marins français. Loi du 21 avril 1898. Renvoi.

III. — *Institutions de prévoyance créées par l'initiative privée,* mais placées sous le contrôle de l'administration. — Caisses d'épargne ordinaires. Loi du 20 juillet 1895. — Sociétés de secours mutuels. Loi du 1er avril 1898. — Caisses de secours et de retraites des ouvriers mineurs. Loi du 29 juin 1894. — Caisses de retraites, secours et prévoyance au profit des employés et ouvriers. Loi du 27 décembre 1895.

IV. — *Les retraites ouvrières et paysannes.* — Loi du 5 avril 1910.

CHAPITRE HUITIÈME

INTERVENTION DE L'ÉTAT DANS LE DOMAINE DU TRAVAIL
DU COMMERCE ET DE L'INDUSTRIE.

I. — *La liberté du travail*. — La réglementation du travail.
Renvoi à la législation industrielle.

II. — *La liberté du commerce*. — La réglementation administrative. Les chambres de commerce.

III. — *Les industries extractives*. — Les mines. La loi du 21 avril 1810. Les concessions minières.

IV. — *L'industrie agricole*. — Les chambres d'agriculture. Les associations syndicales. Le régime forestier.

CHAPITRE NEUVIÈME

LES SERVICES FINANCIERS.

Le budget. La dette publique. Les impôts. Renvoi à la législation financière.

TROISIÈME PARTIE

LES PERSONNES CIVILES

Théorie générale des personnes civiles. Nature et fondement de la personnalité civile. Les principaux systèmes. La personnalité civile fiction légale. — Division en personnes de droit privé et personnes de droit public. Division de ces dernières en six groupes : Etat, départements, communes, établissements publics, établissements d'utilité publique, personnes civiles à capacité limitée.

CHAPITRE PREMIER

L'ÉTAT.

L'Etat personne civile distinct de l'Etat puissance publique. L'Etat personne civile étudié au point de vue de son domaine et des actes de sa vie civile.

§ 1er. — Le domaine national.

I. — Le domaine de la couronne sous l'ancien régime. Le domaine national sous la Révolution. — Distinction du domaine public et du domaine privé. — Définition du domaine privé : les biens de ce domaine font l'objet d'un droit de propriété. — Définition du domaine public : le droit de l'Etat sur les biens du domaine public n'est pas un droit de propriété, mais consiste en un droit de garde et une mission de conservation.

II. — *Eléments constitutifs de la domanialité publique.* — Théorie extensive, qui fait résulter la domanialité d'une simple affectation à l'utilité publique. — Théorie restrictive qui ne reconnaît comme dépendances du domaine public que les seuls biens insusceptibles de propriété privée, affectés à l'usage public et faisant partie du territoire français. Démonstration de cette théorie déduite de l'article 538 du Code civil. — Conséquences : 1° ne font pas partie du domaine public les immeubles simplement affectés à des services publics ; 2° il n'y a pas de domaine public mobilier. Loi du 30 mars 1887. — Deux règles complètent cette théorie : 1° rentrent dans le domaine public, à titre d'accessoires, les choses qui lui sont incorporées, statues, fontaines... ; 2° font partie du domaine public, non par leur nature, mais par détermination de la loi, les biens qui sont classés comme tels par des textes spéciaux (art. 540 du Code civil pour les remparts des places de guerre ; art. 12 du concordat pour les églises, avant la loi de séparation).

III. — *Composition du domaine de l'Etat.*

1° *Domaine privé.* — Enumération des principales dépendances. — Les bois et forêts. — Les lais et relais de la mer. Réfutation du système qui prétend les ranger dans le domaine public. — Les édifices affectés à des services publics ou à des logements. — Biens mobiliers faisant partie du domaine de l'Etat. Tableaux et objets d'art des musées nationaux. Livres renfermés dans les bibliothèques.

2° *Domaine public.* — A. Les quatre dépendances énumérées dans l'art. 538 n° 1 : *a.* routes nationales et rues qui leur font suite ; *b.* fleuves et rivières navigables ou flottables ; *c.* rivages de la mer ; *d.* ports, havres et rades ; ports de guerre et ports de commerce. — B. Autres biens faisant partie du domaine public par leur nature (art. 538 n° 2) : *a.* chemins de fer d'intérêt général, avec leurs dépendances ; *b.* canaux de navigation ; *c.* ponts des routes nationales. — C. Biens faisant partie du domaine public par détermination de la loi : *a.* remparts des places de guerre et des forteresses, formant le domaine public militaire, avec leurs accessoires (art. 540 du Code civil) ; *b.* églises métropolitaines et cathédrales, avant la loi de séparation (art. 12 du concordat). Question relative à leur situation légale depuis la loi du 9 décembre 1905.

IV. — *Régime comparé du domaine public et du domaine privé.*

1° *Les ministres compétents.* — Ministre de la guerre pour le domaine public militaire ; ministre de la marine pour le domaine public maritime ; ministre des travaux publics pour le domaine des ponts et chaussées ; ministre des finances pour le domaine privé, à l'exception du domaine forestier, qui relève du ministre de l'agriculture.

2° *La mission des ministres*, au point de vue de la conservation ou de la gestion du domaine national et des perceptions auxquelles il donne lieu. — *a*) Pour le domaine public, la mission de l'administration est une mission de conservation. Par exception, il peut donner lieu à des produits accessoires et à des perceptions, sous l'autorité du ministre des finances. — Concessions et occupations temporaires. Caractères de ces concessions. Nature des redevances. — *b*) Le domaine privé étant destiné à fournir des revenus à l'Etat, la mission de l'administration est une mission de gestion. — Distinction entre le domaine forestier, exploité directement par l'administration des forêts, et les autres biens domaniaux, affermés par l'administration des domaines.

3° *Bornage et délimitation.* — Règles du bornage applicables au domaine privé. Délimitation du domaine public par les autorités administratives. Décrets de délimitation pour les rivages de la mer. Arrêtés préfectoraux pour la délimitation des fleuves. — Pouvoirs de l'administration limités à la simple reconnaissance des limites naturelles. Recours contre les délimitations abusives. Varations de la jurisprudence. Arrêts du tribunal des conflits des 11 janvier et 1er mars 1873, admettant à la fois le recours pour excès de pouvoir devant le conseil d'Etat et l'action en indemnité devant les tribunaux judiciaires. Critique de cette jurisprudence. Sa condamnation par la loi du 8 avril 1898 (art. 36).

4° *Règles relatives à la disponibilité du domaine privé et à l'indisponibilité du domaine public.* — Indisponibilité de l'ancien domaine de la couronne. Edit de Moulins de 1566. Lo domaniale des 22 novembre-1er décembre 1790. — Le domaine privé aliénable en vertu d'une loi. Les procédés d'aliénation : échange, concession, vente domaniale. Lois des 15 et 16 floréal an X. Loi du 1er juin 1864. Le domaine privé prescriptible et susceptible de droits réels. Législation spéciale concernant l'aliénation des forêts domaniales. — In-

disponibilité du domaine public. Son fondement dans l'affectation à l'usage public. Textes qui consacrent implicite-
ment la règle. Conséquences : 1) le domaine public inalié-
nable. Moyen indirect pour arriver à l'aliénation de certaines
dépendances, par la désaffectation. — 2) Le domaine public
imprescriptible. — 3) Le domaine public insusceptible de
droits réels.

V. — *Régime des cours d'eau.* — Loi du 8 avril 1898 *sur le
régime des eaux.* Distinction entre les cours d'eau navigables
et flottables, faisant partie du domaine public, et les cours
d'eau non navigables ni flottables. Ancienne controverse relative à la situation légale de ces derniers. Attribution du lit
aux riverains (art. 3). — Comparaison des deux catégories de
cours d'eau. — A. *Règles communes* dérivant du droit de
police de l'administration. Législation sur l'endiguement.
Règlements d'eaux. — B. *Différences.* — 1) Régime de la grande
voirie applicable aux cours d'eau navigables et flottables ;
régime de la petite voirie pour les autres cours d'eau. —
2) Droit de pêche réservé à l'Etat dans les cours d'eau navigables et flottables. — 3) Attribution des îles et îlots à l'Etat
ou aux riverains. — 4) Lit abandonné par suite d'un changement de cours. Abrogation de l'art. 563 du Code civil, remplacé par les art. 5 et 37 de la loi de 1898. — 5) Servitudes de
halage et de marchepied. Rivières flottables à bûches perdues.
6) Curage. Pouvoirs de l'administration. — 7) Autorisations de prises d'eau. Cas où il y a lieu à redevance. Retrait
d'autorisation.

§ 2. — Le régime de l'Etat au point de vue des actes de la vie civile.

Le régime de l'Etat est un régime spécial qui n'est ni
celui des établissements d'utilité publique ni même celui
des établissements publics, dont les textes prennent soin de
le distinguer. Il est dominé par les règles suivantes : 1° En
principe, l'Etat n'a pas besoin d'autorisation pour accomplir
les actes de sa vie civile ; 2° Toutefois une autorisation est
nécessaire pour les actes de nature à engager les finances
publiques ; 3° Au cas où une autorisation est nécessaire, elle

doit généralement émaner du pouvoir législatif, par application du principe de la séparation des pouvoirs.

Applications relatives aux principaux actes de l'Etat. — 1° *Baux domaniaux*. Règles concernant ces baux. Dérogations au droit commun (l. des 28 octobre-5 novembre 1790; l. 19 août-12 septembre 1791). — 2° *Affectations*. Règles relatives aux affectations d'immeubles à des services publics. Arrêté du 13 messidor an X. Ord. du 14 janvier 1833. Affectations d'immeubles à des établissements publics, révocables sans indemnité. — 3° *Aliénations*. Nécessité d'une autorisation législative. — 4° *Acquisitions à titre onéreux*, nécessitant une loi pour ouvrir un crédit. — 5° *Dons et legs*. L'acceptation de ces libéralités, non soumise à autorisation par le Code civil, doit être autorisée par décret du président de la République depuis la loi du 4 février 1901 (art. 1). — 6° *Transactions*. Art. 2045 C. civ. inapplicable à l'Etat. — 7° *Actions domaniales*. Même avant la loi du 8 janvier 1905, l'Etat n'avait pas besoin d'autorisation pour plaider. Représentation de l'Etat par les préfets devant les tribunaux. Instruction des affaires par l'administration des domaines. Règles spéciales concernant la procédure. Formalité du mémoire préalable.

CHAPITRE DEUXIÈME

LES DÉPARTEMENTS.

Pourquoi la personnalité civile n'avait pas été reconnue aux départements en 1790. Décrets de 1811 qui ont créé le domaine départemental. Loi du 10 mai 1838 qui a reconnu la personnalité civile des départements.

§ 1ᵉʳ. — Le domaine départemental.

Distinction du domaine public et du domaine privé. — Les dépendances du domaine public départemental : 1° routes départementales, rues et ponts qui leur font suite. Renvoi à l'étude de la voirie ; 2° Chemins de fer d'intérêt local. Loi du 11 juin 1880. Renvoi. — Les dépendances du domaine privé. Immeubles affectés à des services publics. Immeubles libres de toute affectation. Biens mobiliers : meubles meublants ; archives ; rentes et créances.

§ 2. — Les actes de la vie civile du département.

Représentation du département par le préfet et le conseil général. Les principaux groupes d'actes : 1° *Baux, affectations, changements de destination.* — 2° *Acquisitions, aliénations, échanges.* — 3° *Transactions.* — 4° *Acceptation des dons et legs.* L'article 910 du Code civil, concernant l'autorisation gouvernementale et les dérogations apportées par les lois du 18 juillet 1866, 10 août 1871 et 4 février 1901. L'art. 937 relatif à l'acceptation préalable et les lois des 10 mai 1838 et 10 août 1871 (art. 53) permettant l'acceptation provisoire. — 5° *Actions départementales.* Exercice par le préfet et dans un cas par un membre de la commission départementale. Formalité du mémoire préalable. — 6° *Emprunts.* Distinction entre les emprunts remboursables dans le délai de 30 ans, votés définitivement par le conseil général, et les emprunts non remboursables dans les 30 ans, nécessitant une autorisation par décret. (Loi du 10 août 1871, art. 40 et 41, mod. par les lois du 12 juin 1898 et du 30 juin 1907.) — 7° *Budget.* Etablissement et divisions. Budget ordinaire et extraordinaire. Dépenses obligatoires et facultatives. Centimes additionnels. Fonds de subvention. — 8° *Comptabilité départementale.* Comptes d'administration du préfet ordonnateur. Comptes de gestion du trésorier-payeur général.

CHAPITRE TROISIÈME

LES COMMUNES.

Personnalité civile des communes. Origines diverses de la propriété communale.

§ 1er. — Le domaine communal.

Domaine public. Sa composition : 1) chemins vicinaux ; 2) chemins ruraux ; 3) rues et places des villes ; 4) chemins de fer communaux. — *Domaine privé*. Définition contenue dans l'article 542 du Code civil. Critique de ce texte. Biens patrimoniaux. Biens communaux proprement dits. Immeubles affectés à un service public ou à une destination publique. Les églises paroissiales depuis la loi de Séparation. — Les cimetières communaux. Les concessions de terrains dans les cimetières.

§ 2. — Les actes de la vie civile des communes.

Représentation de la commune par le conseil municipal et le maire. Rappel des diverses classes de délibérations des conseils municipaux.

I. — *Actes de gestion*. — Aliénations et échanges de propriétés communales. Acquisitions d'immeubles. Baux de longue et courte durée. Affectations d'immeubles communaux.

II. — *Partages de biens communaux*. — a) Les partages de biens indivis entre communes ou sections copropriétaires autorisés. Avis du conseil d'Etat des 4 juillet 1807 et 12 avril 1808, prescrivant le partage par feux. — b) Les partages entre habitants dans l'ancien droit et sous la Révolution. Lois du 14 août 1792 et du 10 juin 1793. Leur prohibition dans la législation actuelle. Partages provisionnels de jouissance permis. La question du partage des communaux au point de vue économique.

III. — *Dons et legs*. — Evolution de la législation depuis le Code civil. — a) *Acceptation des dons et legs* par le maire, en vertu d'une délibération du conseil municipal. (Loi du 5 avril 1884, art. 68 n° 8 et art. 111. Loi du 4 février 1901.) Nécessité d'un décret d'autorisation au cas de réclamations des familles. Libéralités faites à un hameau ou à un quartier de commune (art. 111 § 2). — b) *Refus des dons et legs*, et droit du préfet de requérir une deuxième délibération du conseil (art. 112). — c) *Acceptation à titre provisoire* (art. 113). Ses avantages et ses effets. — d) *Libéralités connexes et complexes*. Avis du conseil d'Etat du 10 mars 1868. Question de savoir si cette distinction est toujours applicable à la commune sous la législation actuelle. — e) *Droit de réduction*. Son fondement. Nullité des clauses ayant pour objet de l'é-

carter. Effets de la réduction. — f) *Droit de statuer d'office.*
Suppression du droit d'autoriser et de réduire d'office. —
g) *Dons et legs au profit des pauvres.* Attributions des maires
relatives aux libéralités charitables.

IV. — *Actions concernant les communes.* — a) *Nécessite
d'une autorisation du conseil de préfecture pour ester en
justice* dans la législation antérieure. Loi du 8 janvier 1905
supprimant l'autorisation de plaider. Règles spéciales à la
commune défenderesse. Obligation du mémoire préalable. —
b) *Exercice des actions communales par les contribuables*
(l. 5 avril 1884, art. 123). Maintien de l'autorisation de plaider
dans ce cas. — c) *Actions concernant les sections de communes.*
Règles spéciales au cas où la section plaide contre la commune.
Immunités au profit de la section qui a obtenu condamnation contre la commune (art. 131). — d) *Exécution des con-
damnations prononcées contre les communes.* Application des
règles de la comptabilité publique. Inscriptions et impositions
d'office. — e) *Actions diverses.* Responsabilité des communes
au cas de dommages causés par des attroupements sédi-
tieux (art. 106-109). Cas où cesse cette responsabilité. Propositions en vue de faciliter le recours des victimes et de par
tager la responsabilité entre l'Etat et la commune.

V. — *Finances communales.* — a) *Emprunts communaux et
contributions extraordinaires.* (l. 5 avril 1884, art. 68 n° 11
et art. 141-143 mod. par l. 7 avril 1902). — b) *Budget
communal.* (art. 132-150). Préparation, vote et règlement
du budget. Budget ordinaire et extraordinaire. Recettes ordinaires. Produits du domaine. Impôts communaux. Centimes additionnels. Octrois municipaux. Recettes extraordinaires. Dépenses facultatives et obligatoires. Inscription et
imposition d'office. — c) *Comptabilité des communes.*
(art. 151-160). Distinction entre les comptes d'administration
et les comptes de gestion. Compte administratif du maire.
Compte de gestion du receveur municipal.

§ 3. — Les sections de communes et les syndicats de communes.

I. — *Les sections de communes.* — Définition et origine. Les biens sectionnaires. Représentation distincte de sections. Ressources et charges propres.

II. — *Les syndicats de communes.* — Leur création par la loi du 22 mars 1890. Constitution et fonctionnement. Capacité et budget propre.

CHAPITRE QUATRIÈME

LES ÉTABLISSEMENTS PUBLICS ET D'UTILITÉ PUBLIQUE.

§ 1. — Théorie générale.

I. — *Définition et distinction* des établissements publics et des établissements d'utilité publique. — Confusions commises par les textes du commencement du xixe siècle. Distinction consacrée par les textes postérieurs : loi du 26 février 1862 ; règlement du 30 juillet 1863 ; règlement du 2 août 1879, art. 7 ; loi du 4 février 1901, art. 4, 5 et 8. — Définition des deux classes d'établissements. Criterium résultant de ce que les établissements publics, services publics personnalisés, se rattachent à l'organisation administrative, tandis que les établissements d'utilité publique, institutions privées, demeurent en dehors des cadres de l'administration.

II. — *Régime comparé.* — A.) *Ressemblances* : *a)* caractère commun d'utilité générale ; *b)* nécessité d'un acte de la puissance publique pour leur création ou leur reconnaissance ; *c)* personnalité civile complète, sauf les restrictions résultant des lois, des actes de reconnaissance et de leur destination. Règle de la spécialité ; — *d)* nécessité d'une autorisation pour recueillir les libéralités. L'article 910 du Code civil. Modifications apportées à la règle par la loi du 4 février 1901 (art. 4, 5 et 7) ; — *e)* ancienne règle de l'autorisation préalable à l'acceptation (art. 937 C. civ.) remplacée par la faculté de l'acceptation provisoire (l. 4 févr. 1901, art. 8) ; — *f)* assujettissement à la taxe de mainmorte. (l. 20 févr. 1849) ; — *g)* dévolution à l'Etat des biens en cas d'extinction (art. 529 et 713 C. civ.). Nombreuses exceptions résultant de lois spéciales, et notamment de la loi du 1er juillet 1901 (art. 9) ; — *h)* autres règles communes : art. 619, 2227 du

Code civil. — B. *Différences.* — a) *Au point de vue finan-cier* : 1° règles de la comptabilité publique applicables aux seuls établissements publics ; 2° hypothèque légale de l'art. 2121, § 3 du Code civil ; 3° emprunts au Crédit foncier (l. 26 févr. 1862) ; 4° travaux publics ; 5° voies d'exécution. — b) *Au point de vue des actes de la vie civile.* Régime des autorisations s'appliquant en principe aux établissements publics : baux, transactions, aliénations, acquisitions, emprunts. Régime de liberté pour les établissements d'utilité publique. Exception relative aux acceptations de libéralités. Régime forestier. — c) *Au point de vue des règles de procédure.* Art. 49 C. procéd. civ. concernant le préliminaire de conciliation. Art. 83 C. pr. civ. concernant les causes communicables. Art. 481 relatif à la requête civile. L'autorisation de plaider, autrefois nécessaire aux établissements publics, supprimée par la loi du 8 janvier 1905, sauf au cas prévu par l'art. 3.

III. — *Enumération et classification des établissements publics et d'utilité publique.*

§ 2. — Les établissements publics.

1. *Etablissements se rattachant à l'instruction publique et aux beaux-arts.* — L'Institut et les Académies. — Les Universités et les Facultés. Loi du 10 juillet 1896. Les lycées et collèges. — Autres établissements scientifiques ou scolaires. — Les musées nationaux.

2. *Etablissements se rattachant à l'assistance.* — Hospices et asiles nationaux, départementaux ou communaux. Loi du 7 août 1851. — Bureaux de bienfaisance. — Bureaux d'assistance. Loi du 15 juillet 1893.

3. *Etablissements publics de prévoyance.* — Caisse nationale des retraites pour la vieillesse. Caisse d'assurance en cas de décès et en cas d'accident. — Caisse nationale d'épargne.

4. *Etablissements publics divers.* — Etablissement des Invalides de la marine. — Chambres de Commerce. — Chambres consultatives d'agriculture. — Ordre des avocats. Chambres des avoués et des notaires.

5. *Anciens établissements publics religieux.* — Menses épiscopales. Menses curiales. Fabriques. — Séminaires. — Con-

sistoires protestants et israélites. — Suppression de ces établissements par la loi du 9 décembre 1905.

§ 3. — Les établissements d'utilité publique.

Extrême diversité de ces établissements. Etablissements libres d'enseignement supérieur.— Congrégations religieuses : leur régime antérieurement à 1901. Loi du 1er juillet 1901. Nécessité d'une autorisation législative (art. 13). — Sociétés de bienfaisance. — Caisses d'épargne ordinaires. Loi du 20 juillet 1895. — Sociétés de secours mutuels. Loi du 1er avril 1898. Sociétés libres, approuvées ou reconnues. — Associations syndicales, libres ou autorisées. Lois du 21 juin 1865 et du 22 décembre 1888.

CHAPITRE CINQUIÈME

AUTRES PERSONNES CIVILES A CAPACITÉ LIMITÉE.

Les associations déclarées suivant la loi du 1er juillet 1901. Les syndicats professionnels. Loi du 21 mars 1884. Controverses au sujet de leur régime et de leur capacité, spécialement pour recevoir des dons et legs. — Autres associations faisant partie de ce groupe de personnes civiles.

QUATRIÈME PARTIE

CONTENTIEUX ET JURIDICTIONS

CHAPITRE PREMIER

LE PRINCIPE DE LA SÉPARATION DES AUTORITÉS ET L'INSTITUTION DES CONFLITS.

§ 1er. — La séparation des autorités administrative et judiciaire.

Caractère et signification du principe. Principaux textes de la période révolutionnaire qui le consacrent. Ses conséquences ramenées à quatre règles générales : 1° défense à chaque autorité de prescrire aucune mesure, de statuer sur aucune question du ressort de l'autre autorité : 2° défense d'interpréter les actes de l'autre autorité ; théorie des questions préjudicielles ; 3° obligation pour chaque autorité de respecter les actes de l'autre autorité ; 4° obligation pour l'autorité judiciaire d'appliquer les actes de l'autorité administrative, sans en apprécier le mérite. Portée de cette dernière règle, limitée aux actes administratifs proprement dits, spéciaux et individuels. Droit de l'autorité judiciaire d'apprécier et d'interpréter les règlements.

Les sanctions du principe de la séparation. Les sanctions pénales (Code pénal, art. 127 et suiv.). La sanction du conflit.

§ 2. — Les conflits.

I. — *Définition du conflit.* — Différentes sortes de conflits : conflits négatifs et positifs ; conflits de juridiction et d'attributions. Conditions nécessaires pour qu'il y ait conflit positif d'attributions intéressant les autorités administrative et judiciaire. — Historique de l'institution du conflit. Loi du 21 fructidor an III, art. 27. Arrêté consulaire du 13 frimaire an X. Ordonnance du 1er juin 1828.

II. — *Le tribunal des conflits.* — Créé par la constitution du 4 novembre 1848, il a été reconstitué par la loi du 24 mai 1872 (art. 25-27). Organisation. Présidence du ministre de la justice. Membres empruntés au conseil d'Etat (3) et à la cour de Cassation (3) ; membres élus par les autres juges (2). Vice-président élu. — Comparaison avec le tribunal des conflits de 1848.

III. — *Régime du conflit.* — Dans quels cas et devant quelles juridictions le conflit peut être élevé. Défense d'élever le conflit en matière criminelle (ord. 1er juin 1828, art. 1). Cas où il peut être élevé devant les tribunaux correctionnels (art. 2). — A quel moment, pour quelles causes et par qui le conflit peut être élevé. — Procédure : déclinatoire de compétence ; arrêté préfectoral de conflit. Jugement du conflit et effets de l'arrêt rendu par le tribunal des conflits.

IV. — *Conflits négatifs.* — Compétence du tribunal des conflits. Règles empruntées à la procédure devant le conseil d'Etat.

§ 3. — La garantie administrative et les poursuites contre les fonctionnaires publics.

La responsabilité des fonctionnaires et la garantie administrative d'après les textes de la Révolution. L'article 75 de la constitution de l'an VIII. Ce qu'il fallait entendre par « agents du gouvernement ». Ce qu'il fallait entendre par « faits relatifs aux fonctions ». — Critiques dirigées contre l'art. 75 et les abus auxquels il avait donné lieu. — Son abrogation par le décret du 19 septembre 1870. Sens et portée de cette abrogation. Arrêt du tribunal des conflits du 26 juillet 1873, reposant sur la distinction du fait personnel et du fait de service. Objections formulées contre cette jurisprudence. Réfutation de ces critiques.

CHAPITRE DEUXIÈME

LE CONTENTIEUX ADMINISTRATIF ET SES DIVISIONS.

Définition du contentieux administratif. Sa division en trois branches correspondant à trois sortes de recours.

§ 1er. — Le recours contentieux au fond ou de pleine juridiction.

Pouvoirs de la juridiction saisie de ces recours. Répartition en deux classes des affaires donnant lieu au recours contentieux au fond.

I. — *Affaires rentrant dans le contentieux administratif par détermination de la loi.* — 1º Affaires qui n'auraient relevé que de la juridiction gracieuse, si un texte ne les avait attribuées au contentieux administratif. — Exemple emprunté à la matière des établissements dangereux et insalubres (décr. du 15 octobre 1810 attribuant au conseil d'Etat et au conseil de préfecture la connaissance des recours formés par l'industriel ou les tiers opposants). — 2º Affaires qui rentreraient, par leur nature, dans le contentieux judiciaire, mais que des textes, pour des motifs divers, ont attribuées à la juridiction administrative. — Exemples empruntés à divers contentieux contractuels : *a)* Contentieux des domaines nationaux. (L. 28 Pluviôse an VIII, art. 4 § 7). Compétence du conseil de préfecture. Motifs d'ordre politique sur lesquels était fondée cette dérogation. Caractère exceptionnel de cette disposition. — *b)* Contentieux des marchés de travaux publics. Compétence du conseil de préfecture. (L. 28 Pluviôse, an VIII, art. 4 § 2). Motifs de cette dérogation. — *c)* Contentieux des marchés de fournitures passés au nom de l'Etat. (Décret du 11 juin 1806). Litiges portés devant les ministres, sauf recours au conseil d'Etat. Cette exception ne doit pas être étendue aux marchés de fournitures passés par les départements ou les communes, qui relèvent, suivant le droit commun, des tribunaux judiciaires.

II. — *Affaires faisant partie du contentieux administratif par leur nature.* — Ce sont des affaires qui concernent l'administration envisagée comme puissance publique. Aucun texte n'est nécessaire pour les placer dans le contentieux administratif. Deux conditions requises : 1) litige suscité par *un acte administratif proprement dit*, spécial et individuel. Pourquoi les actes réglementaires ne donnent pas lieu au recours contentieux au fond. Pourquoi les actes contractuels ou de gestion ne relèvent pas des juridictions administratives, sauf exception résultant d'un texte spécial. — 2) Réclamation fondée sur *la violation d'un droit*. Distinction du droit violé et de l'intérêt lésé. — Exemple emprunté aux réclamations en matière de contributions directes. Demandes en décharge et en réduction, soumises au conseil de préfecture (l. 28 Pluviôse an VIII, art. 4 § 1). Demandes en remise et en modération portées par la voie gracieuse devant le préfet. Autre exemple emprunté à la législation relative aux changements de noms. Loi du 11 germinal de l'an XI.

§ 2. — Le recours en annulation pour excès de pouvoir.

La seule juridiction pouvant connaître de ce recours est le conseil d'Etat. Il doit se borner à annuler, sans pouvoir réformer l'acte attaqué.

I. — *Comment s'est formée et développée la théorie des recours pour excès de pouvoir.* — Elle est une création de la jurisprudence du conseil d'Etat. Loi des 7-14 octobre 1790. Art. 9 de la loi du 24 mai 1872, qui a donné une consécration législative à cette jurisprudence. — Distinction des recours pour excès de pouvoir et de divers recours en annulation par voie administrative.

II. — *Causes sur lesquelles peut être fondé le recours :* 1° l'incompétence ; empiétement d'une autorité sur le domaine d'une autre autorité ; — 2° la violation des formes ; — 3° la violation de la loi ; — 4° le détournement de pouvoir.

III. — *Actes contre lesquels le recours est ouvert :* — *a)* Décisions des tribunaux administratifs statuant en dernier ressort : arrêts de la Cour des comptes (l. 16 sept. 1807, art. 17) ; décisions des conseils de revision (l. 21 mars 1905, art. 29) ; décisions du conseil supérieur de l'instruction publique. — Pourquoi ce recours est appelé pourvoi en cassation. — *b)* Délibérations des assemblées locales, conseils généraux, conseils municipaux, commissions départementales. Explication de l'article 88 de la loi du 10 août 1871. — *c)* Actes des autorités administratives. Controverse relative aux règlements. — Actes discrétionnaires. — Théorie du recours parallèle.

IV. — *Conditions d'exercice, formes et effets.* — Pour exercer le recours, il faut justifier d'un intérêt direct et personnel. Evolution de la jurisprudence dans un sens libéral, en vue d'admettre plus largement le recours. — Règles de procédure. Dispense de frais (décret du 4 novembre 1864). Déchéance résultant de l'expiration du délai. Cas où le recours pour excès a été précédé d'un recours hiérarchique. — Effet de l'annulation prononcée par le conseil d'Etat.

§ 3. — Les recours en interprétation.

Cas où il y a lieu à un recours en interprétation. Actes dont l'interprétation doit être renvoyée à l'autorité administrative. Autorité compétente pour interpréter. Interprétation des décrets administratifs par le conseil d'Etat. — Recours en appréciation de la validité des actes administratifs.

CHAPITRE TROISIÈME

LES JURIDICTIONS ADMINISTRATIVES.

§ 1er — Notions générales.

I. — *Raisons d'être de la juridiction administrative.* — Motifs tirés de la nature des litiges administratifs, impliquant une juridiction distincte. — Motifs tirés du principe de la séparation des pouvoirs et de la séparation des autorités.

II. — *Historique.* — Les tribunaux administratifs sous l'ancien régime. Juridictions en matière domaniale et financière. Les Chambres des comptes. La cour des monnaies. Les cours des aides. Les bureaux de finances. — Juridictions en matière d'administration générale. Le conseil du Roi ou grand conseil. Composition et organisation. Ses attributions contentieuses. Les intendants. Etendue et diversité de leurs attributions.

La juridiction administrative dans la période intermédiaire. Le jugement des affaires contentieuses attribué aux directoires de département et de district. Le conseil des ministres présidé par le roi. — Réformes résultant de la constitution de l'an III.

Les tribunaux administratifs établis par le consulat et l'empire : Conseil d'Etat, conseils de préfecture, Cour des comptes. — Fréquentes attaques dirigées contre la juridiction administrative au cours du siècle dernier.

III. — *Division des juridictions administratives.* — Au point de vue de l'étendue des pouvoirs : tribunaux statuant toujours en premier ressort et sauf appel ; tribunaux statuant toujours en premier et dernier ressort ; tribunaux statuant tantôt au premier, tantôt au deuxième degré, mais toujours en dernier ressort. — Au point de vue de l'amovibilité : tous les tribunaux administratifs sont composés, en général, de juges amovibles ; un seul, la Cour des comptes, comprend des magistrats inamovibles. Motifs de cette dérogation. — Au point de vue de la nature des attributions : tribunaux généraux, juridictions spéciales.

§ 2. — La juridiction ordinaire et de droit commun en matière administrative.

Les trois systèmes qui ont successivement prévalu. *a)* Au commencement du xixe siècle, le conseil de préfecture est considéré comme la juridiction de droit commun. Exposé et réfutation de ce premier système, aujourd'hui abandonné. La loi de pluviôse an VIII et les textes postérieurs font du conseil de préfecture un tribunal d'attributions. — *b)* Au milieu du xixe siècle, on s'accorde généralement à reconnaître les ministres comme juges ordinaires. Textes sur lesquels était fondée la théorie du ministre-juge. Limitations progressivement apportées à ce système, aujourd'hui abandonné. — Cas peu nombreux où des lois spéciales ont conféré aux ministres des attributions contentieuses. — *c)* Actuellement, on ne conteste plus que la qualité de tribunal de droit commun appartient au conseil d'Etat. Cette compétence générale résulte des textes qui ont créé le conseil et qui l'ont organisé.

§ 3. — Le conseil d'Etat statuant au contentieux.

I. — *Organisation.* — Le conseil d'Etat, juridiction administrative, représenté par trois organes : 1° l'assemblée publique du contentieux, 2° la section du contentieux, 3° la section spéciale.

1° *Assemblée publique du contentieux.* Elle est composée de la section du contentieux et d'éléments empruntés aux autres sections (l. 13 juillet 1879, art. 5). Fonctionnement et compétence.

2° *Section du contentieux.* Elle est chargée de diriger l'instruction écrite et de préparer le rapport des affaires qui doivent être jugées par l'assemblée publique du contentieux (l. 24 mai 1872, art. 13 ; l. 8 avril 1910, art. 96 ; règlement 31 mai 1910, art. 2). — Exceptionnellement elle peut juger seule, en audience publique, certaines catégories d'affaires. Enumération de ces 8 catégories d'affaires par l'article 3 du règlement du 31 mai 1910. — Division de la section en 3 sous-sections. Leur organisation et leur mission consistant à diriger l'instruction et préparer le rapport des affaires qui seront jugées par l'assemblée publique ou par la section du contentieux.

3° *Section spéciale.* Elle est chargée d'instruire et juger les affaires d'élections et de contributions directes ou taxes assimilées. — Sa division en 2 ou 3 sous-sections ayant les mêmes pouvoirs que la section elle-même.

II. — *Attributions.* — Caractère de la mission du consei d'Etat indiqué dans l'article 9 de la loi du 24 mai 1872. Sa juridiction générale et souveraine. Il est investi d'un pouvoir propre de décision.

Attributions réparties en trois classes : 1°) *Comme tribunal de cassation*, il règle les conflits de juridiction qui s'élèvent entre tribunaux administratifs ; il statue sur les pourvois en cassation dirigés contre les décisions des juridictions administratives. — 2°) *Comme tribunal d'appel*, il connaît des décisions des tribunaux administratifs non rendues en dernier ressort (arrêtés des conseils de préfecture, sauf en matière de comptabilité ; décisions des conseils du contentieux des colonies).—Ses pouvoirs étendus comme tribunal d'appel. — 3" *Comme unique degré de juridiction*, il statue sur les recours contre les décrets du président de la République ; sur les recours pour excès de pouvoir contre les actes des autorités administratives, sur le contentieux électoral des conseils

4*

généraux ; et sur une série d'affaires visées par des textes spéciaux. — Il connaît en outre, comme tribunal ordinaire et de droit commun, de tous les litiges administratifs qui ne sont pas attribués par des textes à d'autres tribunaux.

III. — *Procédure*. — Décret du 22 juillet 1806. Règlement du 31 mai 1910. Double caractère de cette procédure : elle est essentiellement écrite et dirigée par le juge. — a) *Introduction du recours*. Requête introductive d'instance. Délai du recours ramené à 2 mois (l. 13 avril 1900, art. 24). — b) *Instruction de l'affaire*. Ordonnance de soit communiqué. Requêtes des parties. Mesures ordonnées d'office. — c) *Débats*. Lecture du rapport en audience publique. Plaidoieries des avocats. Conclusions du commissaire du gouvernement. — d) *Arrêt*. Visas, motifs et dispositif formulé en articles. Voies de recours : opposition, tierce opposition, demande en revision. Exécution de l'arrêt à l'égard des parties privées, de l'Etat et des personnes administratives. Condamnation aux dépens.

§ 4. — Les conseils de préfecture.

I. — *Organisation*. — Loi du 21 juillet 1865. Réduction du personnel à 3 membres, sauf à Paris. Conditions d'aptitude. Présidence du préfet et vice-présidence. Suppléance par des membres du conseil général. Le secrétaire général commissaire du gouvernement.

II. — *Attributions*. — Le conseil exerce une juridiction territoriale. Il ne statue jamais en dernier ressort. Tribunal d'attributions, il ne connaît que des seules affaires qui lui sont déférées par un texte. — a) *Attributions conférées au Conseil par l'art. 4 de la loi du 28 Pluviôse de l'an VIII* : 1) contentieux des contributions directes : demandes en décharge et en réduction ; demandes en mutation de cote ; réclamations concernant les taxes assimilées. — 2) Contentieux des travaux publics : difficultés entre les entrepreneurs et l'administration concernant le sens et l'exécution des marchés ; réclamations des particuliers pour les torts et dommages résultant de l'exécution des travaux. — 3) Contentieux de la grande voirie : double compétence du conseil, contentieuse et répressive (l. 29 floréal an X). — 4) Contentieux des domaines nationaux.

b) *Attributions conférées par des textes postérieurs.* — En matière d'établissements dangereux et insalubres (décr. 15 oct. 1810); de logements insalubres (l. 15 févr. 1902, art. 13); d'élections aux conseils d'arrondissement et municipaux (l. 21 mars 1831, l. 5 avril 1884) ; de comptabilité des communes et des établissements publics (règl. 31 mai 1862) ; servitudes militaires ; législation minière ; chemins vicinaux et ruraux ; partages de biens communaux, etc...

III. — *Procédure.* — Loi du 22 juillet 1889. Introduction de l'instance par voie de requête ou d'assignation. Mesures d'instruction. Débats publics. Formes et effets des arrêtés du conseil de préfecture. Voies de recours. Condamnation aux dépens.

§ 5. — Les juridictions administratives spéciales.

I. — *La Cour des comptes.* — Origines historiques. Ancienne Chambre des comptes de Paris. Commission de comptabilité nationale sous le Directoire et le Consulat. Création de la Cour des comptes par la loi du 16 septembre 1807.

Organisation. — Conseillers maîtres, référendaires et auditeurs. Division en trois chambres et répartition des affaires.

Attributions. — 1. *Comme tribunal administratif,* elle juge les comptes des comptables de deniers. Comptes de deniers et comptes matière. Comptabilité patente et occulte. Comptables de fait. Arrêts provisoires et définitifs. Voies de recours : pourvoi en cassation devant le conseil d'Etat et demande en revision. — 2. *Comme corps politique,* elle contrôle les comptes d'administration des ordonnateurs. Déclarations de conformité, en vue de préparer le contrôle législatif des Chambres. Renvoi à la législation financière.

II. — *Les conseils de revision.* — Loi du 21 mars 1905. Renvoi.

III. — *Les conseils de l'enseignement.* — Conseil supérieur de l'instruction publique (l. 27 février 1880). Conseils de l'Université (l. 10 juillet 1896). Conseils académiques (l. 27 févr. 1880). Conseils départementaux de l'enseignement primaire (l. 30 octobre 1886). Renvoi.

TABLE DES MATIÈRES

TROISIÈME PARTIE
LES PERSONNES CIVILES

QUATRIÈME PARTIE
CONTENTIEUX ET JURIDICTIONS

Poitiers. — Société française d'Imprimerie